AF462392

CARTE
DE RESTAURANT.

NANTES,

IMPRIMERIE DE VINCENT FOREST,

PLACE DU COMMERCE.

—

1850

SERVICE DE L'HOTEL.

Déjeuners, A TOUTE HEURE ET A LA CARTE.

Dîners, A TOUTE HEURE ET A LA CARTE.

Diner, A TABLE D'HOTE, A 5 HEURES.

Bains, DANS L'HOTEL, A TOUTE HEURE.

Les personnes qui occupent les Salons, sont priées d'écrire leur dîner, afin de ne pas éprouver de retard.

Articles nouveaux et primeurs :

VINS.

ROUGES.

DE BORDEAUX.

	FR.	C.
Bordeaux ordinaire..	1	»
D° supérieur.	2	»
Saint-Julien........	3	»
Médoc.............	3	50
Saint-Emilion......	3	50
Saint-Estêphe......	3	»
Larose...........	4	»
Margaux..........	4	50
Mouton...........	4	50
Mouton grand vin...	5	50
Léoville..........	6	»
Hautbrion.........	6	»
Château-Latour.....	7	»
Château-Laffitte....	8	»
Estournelle........	6	»
Saint-Julien-Brown..	5	»

COTES DU RHONE.

	FR.	C.
Cornas...........	3	»
Croze............	3	»
Tavel............	3	»
Châteauneuf-du-Pape	3	50
Lanerthe..........	3	»
Ermitage..........	4	»
Côte-Rôtie........	4	»
Roussillon.........	2	»

BLANCS.

DE BORDEAUX.

	FR.	C.
Bordeaux ordinaire.	0	75
D° supérieur	1	50
Graves ordinaire...	1	50
D° supérieur..	3	»
Barsac...........	2	50
Sauterne..........	4	»
Château-d'Yquem..	4	»

DU PAYS.

	FR.	C.
Vallet...........	»	75
Vallet (vieux).....	1	25
Chablis..........	2	»

DU RHIN.

	FR.	C.
Joannisberg.......	8	»

COTES DU RHONE.

	FR.	C.
Ermitage blanc....	4	»

VINS MOUSSEUX.

	FR.	C.
Vouvray.........	3	»

DE BOURGOGNE.

	FR.	C.		FR.	C.
Beaune............	3	»	Volnay..........	4	»
Pomard...........	4	»	Nuits............	5	»
Vosnes............	4	»	Chambertin.......	5	»

Tous les Vins détaillés ci-dessus se trouvent en 1/2 b^lle

Les Vins de Liqueurs sont portés de l'autre côté.

VINS DE LIQUEURS.

	FR.	C.		FR.	C.
Muscat, la bouteille..	3	»	Et le verre.......	»	40
Lunel, d°.....	3	»	D°...........	»	40
Frontignan, d°.....	3	»	D°...........	»	40
Rivesaltes, d°.....	4	»	D°...........	»	50
Grenache, d°.....	3	»	D°...........	»	40

VINS ÉTRANGERS.

	FR.	C.		FR.	C.
Malaga, la bouteille..	6	»	Et le verre.......	»	60
Madère............	6	»	D°...........	»	60

	FR.	C.
Liqueurs fines, le verre....................	»	50
Eau-de-Vie, d°	»	20
Rhum, d°	»	40

	FR.	C.		FR.	C.
Punch au rhum.....	5	»	Le verre..........	»	50
D° au kirsch....	5	»	D°	»	50
D° à l'eau-de-vie.	4	»	Le grog..........	»	50
Vin chaud, le bol...	3	»	Le verre.....	»	50

	FR.	C.		FR.	C.
Café, la 1/2 tasse...	»	40	Thé..............	»	85
D°, la tasse.......	»	70	Chocolat..........	»	70

CHAMPAGNE.

	FR.	C.		FR.	C.
1 Bouteille.........	6	»	1/2 Bouteille......	3	»

POTAGES.

	FR.	C.
Potage au pain	»	50
— au consommé	»	50
— au riz ou riz purée	»	50
— au vermicelle	»	50
— à la Julienne, ou aux choux	»	50
— à la purée aux croutons	»	75
— au macaroni	»	75
— aux œufs pochés	»	75
— à la Colbert	»	75
— printanier	»	60
— à la purée de Crécy	»	60
— riz à la turque	»	75
— en tortue	1	50
— à la bisque d'écrevisses		
— à la reine	1	25
— à la purée de gibier		
Potage maigre à l'oseille	»	50
— à l'oignon	»	50
— au lait	»	50
— au lait d'amandes	»	75
— au riz au lait	»	50

POTAGES.

HORS-D'ŒUVRE FROIDS.

	FR.	C.
Huîtres, la douzaine	»	50
— d'Ostende		
— vertes		
Crevettes de mer	»	60
— de rivière	»	40
Citron	»	25
Beurre	»	20
Radis	»	25
Melon, la tranche		
Artichaud, poivrade	»	60
Cornichons	»	30
Achards	»	50
Olives de Lucque	»	50
Salade d'anchois	»	75
2 Sardines à l'huile	»	50
2 Anchois à l'huile	»	50
Thon mariné	1	»
Jambon de Bayonne	»	60
Saucisson de Lyon	»	75
Saucisson de Troyes	»	60
Hure de sanglier	»	60

HORS D'ŒUVRE.

HORS-D'ŒUVRE CHAUDS.

2 Œufs frais	»	30
Jambon glacé aux épinards	»	80
— — aux fines herbes	»	80
1 Côtelette de porc frais au naturel	»	50
1 — à la sauce Robert	»	60

T. S. V. P.

SUITE DES HORS-D'ŒUVRES CHAUDS.

	FR.	C.
2 Saucisses	»	40
2 — aux choux	»	60
1 Boudin noir	»	30
1 — blanc	»	40
Choucroute garnie	»	75
Petit-salé aux choux ou à la purée	»	75
1 Pied de cochon à la Sainte-Menehould	»	50
1 — à la sauce poivrade	»	60
1 — farci	»	80
1 — farci aux truffes		
1 Saucisse truffée		
1 Andouillette de Troyes	»	50
1 — — aux truffes		
3 Sardines fraîches	»	50
1 Hareng frais à la sauce ou à l'huile	»	50
1 — sauce à l'huile	»	40

BOEUF.

	FR.	C.
Bœuf au naturel	»	40
— aux choux	»	60
— à la choucroute		
— à la sauce piquante ou tomates	»	60
— aux légumes et à la nivernaise	»	60
Beeftack à l'anglaise	»	75
— aux pommes de terre	»	75
— aux cornichons	»	75
— au beurre d'anchois	»	80
— au cresson, ou à la maître-d'hôtel	»	75
— à la purée de pois	»	75
— à la purée de pommes de terre	»	76
— à la sauce tomates ou poivrade	»	80
— aux petits-pois	1	»
— aux pointes d'asperges	1	»
— aux haricots verts	1	»
— aux haricots blancs	»	75
Entre-côte, sauce piquante	»	75
— à la maître-d'hôtel	»	75
— au cresson	»	75
Filet de bœuf sauté dans sa glace	»	75
— au vin de Madère	1	25
— aux champignons	1	»
— aux olives	1	»
— aux truffes		
— à la financière	1	25

T. S. V. P.

BOEUF.

SUITE DU BOEUF.

	FR.	C.
Filet de bœuf piqué garni de pommes de terre..	1	»
— à la sauce tomates.............	1	»
— à la sauce piquante............	1	»
— à la purée de pois.............	1	»
— à la purée de pommes de terre...	1	»
Rosbeef aux pommes de terre................	1	»
— à la purée de pommes de terre.......	1	»
Palais de bœuf au gratin....................	»	75
— à l'italienne ou à la lyonnaise...	»	75
— à la poulette.................	»	75
Vinaigrette..........................	»	60

VEAU.

	FR.	C.
Tête de veau au naturel	»	75
— à l'estragon ou à la sauce tomates	1	»
— en matelotte ou à la poulette	1	»
— aux truffes		
— en marinade	»	75
— en tortue	1	75
Oreille de veau, vinaigrette	»	75
— à la sauce tomates	1	»
— aux champignons	1	25
— en marinade	»	75
— en tortue	1	75
— farcie, frite	1	25
Cervelle de veau en marinade	»	75
— à la ravigotte ou à l'estragon	»	90
— en matelotte ou à la poulette	»	90
— au beurre noir	»	75
— à la financière	1	25
— en mayonnaise	1	50
Langue de veau en papillotte	»	75
— à l'italienne ou à la poivrade	»	75
— aux petits-pois	1	»
— aux épinards	»	75
— à la purée de pois ou de pommes	»	75
Côtelette de veau au naturel	»	75
— à l'anglaise	»	90
— à la sauce tomates	1	»
— aux fines herbes	1	»
— aux champignons	1	25

T. S. V. P.

VEAU.

SUITE DU VEAU.

	FR.	C.
— à la jardinière	1	»
— à la chicorée ou aux épinards	1	»
1 Côtelette de veau au jambon	1	25
— à la purée de pois	1	»
— à la purée de pommes de terre	1	»
— aux haricots verts	1	»
— aux haricots blancs	1	»
— aux petits-pois	1	25
— en papillotte ou à l'italienne	1	»
— aux pointes d'asperges	1	25
— à la provençale	1	»
— à la purée de marrons	1	25
— à la financière	1	25
— à la royale	1	25
— aux truffes		
Fricandeau au jus ou à l'oseille	»	75
— à la chicorée ou aux épinards	»	75
— à la sauce tomates	»	75
— aux petits-pois	1	»
— à la macédoine	»	75
— aux pointes d'asperges	1	»
— aux haricots	»	75
1 Riz de veau au jus ou à l'oseille	1	»
— à la chicorée ou aux épinards	1	»
— aux pointes d'asperges	1	25
— à la macédoine	1	»
— à la Toulouse	1	50
— à la financière	1	50
— en caisse	1	75
— aux truffes		
Blanquette de veau aux champignons	1	»

MOUTON.

	FR.	C.
2 Rognons brochettes	»	60
— sautés au vin de Champagne	1	»
— au gratin	1	»
2 Côtelettes de mouton au naturel	»	75
— pannées	»	80
— à la minute	1	»
— à la soubise	1	»
— à la purée de pois	1	»
— à la purée de pommes de terre	1	»
— à la purée de marons	1	»
— aux petits-pois	1	»
— à la sauce tomates	1	»
— à la provençale	1	25
— à la jardinière	1	»
— aux pointes d'asperges	1	»
— à la maître-d'hôtel	»	90
— aux champignons	1	»
— à la chicorée ou aux épinards	1	»
— à la financière	1	25
— aux haricots	1	»
2 Filets mignons à la maître-d'hôtel	1	»
— à l'anglaise	1	»
2 Filets de mouton en chevreuil	1	25
— à la sauce tomates	1	25
— à la sauce poivrade	1	25
— aux champignons	1	25
Poitrine de mouton pannée et grillée	»	75
— à la sauce piquante	»	90

T. S. V. P.

MOUTON.

SUITE DU MOUTON.

	FR.	C.
Poitrine à la purée de pommes de terre........	»	90
— à la chicorée ou aux tomates........	»	90
— l'oseille ou aux épinards...............	»	90
Pieds de moutons à la poulette............	»	75
— aux champignons.........	1	»
— à l'huile.................	»	60
2 Côtelettes d'agneau, sautées...............		
— aux pointes d'asperges..........		
— à la royale.....................		
— aux truffes.....................		
Epigramme d'agneau à la Toulouse.........		
— aux pointes d'asperges..........		

COQUILLES.

		FR.	C.
Une coquille	de cervelle de veau...............	1	»
—	de riz de veau aux truffes........		
—	de riz de veau aux champignons...	1	25
—	de blancs de volaille..............	1	25
—	de blancs de volaille aux truffes...		
—	financière..........................	1	50
—	aux huîtres.........................	1	»
—	aux truffes.........................		
—	aux champignons..................	1	»
—	au macaroni........................	1	»
—	aux pointes d'asperges............		

COQUILLES.

ENTRÉES DE VOLAILLES.

	FR.	C.
Chapon au gros sel, le quart	1	50
— au riz	1	75
Poulet gras au gros sel, le quart	1	»
— au riz	1	25
— à la sauce tomate	1	25
— à l'estragon	1	25
— aux petits-pois	1	25
— aux olives	1	25
— aux truffes		
— à la Toulouse	1	50
— à la financière	1	50
Fricassée de poulet, le quart	1	»
— aux champignons	1	25
— à la financière	1	50
— aux truffes		
Karis à l'Indienne	1	50
Suprême de volaille aux champignons	1	50
— aux truffes		
— à la royale	1	75
Filet de volaille à l'anglaise	1	25
Blanquette de volaille aux champignons	1	50
Croquettes de volaille	1	»
Ragoût mêlé à la financière	1	25
Sauté de poulet, le quart	1	»
— aux champignons	1	25
— aux truffes		
— à la Marengo	1	25
— à la Bordelaise	1	25

T. S. V. P.

SUITE DE LA VOLAILLE.

	FR.	C.
Friteau de poulet, le quart.	1	25
Un quart de poulet en marinade.	1	»
— en capilotade.	1	25
— à la remoulade.	1	25
— à la tartare.	1	25
— à la diable.	1	»
— en papillotte.	1	25
— en mayonnaise	2	»
— en salade.	1	50
Pâté de foies gras.		
Galantine de volaille.	1	»
Pigeon en compôte.	1	50
— aux petits-pois.		
— aux olives.	1	50
— à la crapaudine.	1	50
— à la tartare.	1	50
— à la macédoine.	1	50
2 Côtelettes de pigeon à la maréchale.	2	»
Canard aux navets, la moitié.	1	50
— aux olives —	1	50
— aux petits-pois, la moitié.		
— à la purée de pommes de terre, la moit.	1	50
— à la purée de pois, la moitié.	1	50
— à la purée de marrons —		

ENTRÉES DE GIBIER.

	FR.	C.
1 Lapereau sauté au chasseur.	3	»
2 Filets de chevreuil, sautés.	1	25
2 Côtelettes de chevreuil.		
1 Perdreau aux choux, 4 fr.; la moitié.	2	»
— à la purée de pois —	2	»
— en salmis.	4	»
— en salmis aux champignons.	4	50
— en salmis aux truffes.		
1 Caille à la jardinière.	2	»
— à la financière.	3	»
— aux truffes.		
— au gratin.	3	»
— en caisse.	2	»
1 Bécasse en salmis.	5	»
— en salmis aux champignons.	5	»
— en salmis aux truffes.		
1 Bécassine en salmis.	2	»
— en salmis aux champignons.	2	25
— en salmis aux truffes.		
3 Mauviettes en salmis.	1	25
— en caisse.		
— au gratin.		
1 Canard sauvage en salmis.		
— en salmis aux truffes.		
— en salmis aux champignons.		
1 Sarcelle en salmis.	2	»
— en salmis aux truffes.		
— en salmis aux champignons.	1	50
Sauté de perdreau.	4	»
Galantine de perdreau.	1	»

ENTRÉES DE PATISSERIE.

	FR.	C.
2 Petits pâtés au naturel	»	40
— à la béchamelle	»	75
— au jus	»	75
— à la reine	1	»
Vol-au-vent à la financière	1	25
— à la Toulouse	1	25
— de blancs de volaille	1	25
— de blancs de volaille aux truffes		
— de riz de veau	1	25
— de cervelle de veau	1	25
— à la béchamelle de morue	1	25
— à la béchamelle de saumon	1	50
— à la béchamelle de turbot	1	50
— d'anguille à la poulette	1	25
— à la macédoine de légumes	1	»
Pâté de foies gras		

ENTRÉES DE PATISSERIE.

POISSON.

	FR.	C.
Esturgeon sauce poivrade		
Turbot sauce aux câpres ou à l'huile	1	50
— sauce à la hollandaise	1	50
— sauce à la béchamelle	1	50
— sauce aux huîtres	1	75
— sauce au homard	1	75
— au gratin	1	50
— en mayonnaise	2	»
Saumon sauce aux capres ou à l'huile	1	50
— à la béchamelle ou au gratin	1	50
— à la gênevoise ou aux huîtres	1	75
— à la sauce homard	1	75
— en escaloppe à l'allemande	1	50
— en mayonnaise	2	»
Petites truites saumonnées à l'huile	1	50
— à la sauce gênevoise	1	75
Sole au gratin	1	50
— en matelotte normande	2	25
— frite à la Colbert	1	50
— à la hollandaise	1	50
— aux herbes fines	1	50
Filets de sole au gratin	1	50
— à la vénitienne ou à l'italienne	1	50
— à l'anglaise	1	50
— à la Horly	1	25
— à la maître-d'hôtel	1	50
— en mayonnaise	2	»
— en salade	1	50

POISSON.

T. S. V. P.

SUITE DU POISSON.

	FR.	C.
Merlan au gratin	1	50
— frit	1	25
Filets de merlan au gratin	1	50
Eperlan frit ou au gratin		
Limande frite ou au gratin		
Moules à la poulette	»	75
— à la maître-d'hôtel	»	75
— à la marinière	»	75
1/2 maquereau à la maître-d'hôtel	1	»
— au beurre noir	1	»
— à la ravigotte	1	25
Filets de maquereau à la vénitienne	1	25
Rouget à la maître-d'hôtel		
— à la sauce pluche		
— en caisse, au gratin		
Hareng frais sauce moutourde		
— sauce aux câpres		
Mulet à la maître-d'hôtel	1	»
— à la sauce aux câpres	1	»
Lubine à la maître-d'hôtel	1	»
— à la sauce aux câpres	1	»
1/2 homard ou langouste	2	»
Salade de homard	1	75
Mayonnaise de homard	2	»
Alose à l'oseille		
— à la sauce ou à l'huile		
Anguille à la tartare	1	25
— en matelotte	1	25
— en marinade	1	»
— à la poulette	1	25
Carpe frite	1	»

SUITE DU POISSON.

	FR.	C.
Carpe en matelotte aux champignons	1	25
Perche à la sauce aux câpres	1	»
— à la sauce pluche	1	»
— frite	»	60
Tanche aux fines herbes	1	»
— à la sauce pluche	1	»
— à la poulette	1	»
Goujons frits	1	»
6 Ecrevisses	»	75
Crevettes de mer	»	60
— de rivière	»	40

ROTS.

	FR.	C.
Rosbif	1	»
Filets de bœuf piqué	1	»
Veau rôti	»	80
Agneau		
Poulet gras, le quart	1	»
Poulet à la reine, le demi	2	50
1 Canneton de Rouen	3	»
1 Pigeon de volière	1	50
1 Canard sauvage	3	»
1 Sarcelle	1	25
1 Pluvier doré ou rouge, de rivière		
1 Vaneau		
1 Perdreau gris	3	»
1 — rouge	3	50
1 Caille de vigne	1	50
1 Râle de genêts		
1 Faisan		
1 Bécasse	4	»
1 Bécassine	1	25
2 Grives		
3 Mauviettes	1	»
3 Bec-figues		
2 Ortolans		

ROTS AUX TRUFFES.

1 Dinde truffée		
1 Poularde du Mans, truffée		
1 Poulet gras truffé		

T. S. V. P.

ROTS.

SUITE DES ROTS AUX TRUFFES.

1 Perdreau gris truffé.		
1 — rouge truffé.		
1 Faisan truffé.		
Salade selon la saison.	»	60
— hollandaise.	1	50
— aux truffes.	2	»

LÉGUMES.

	FR.	C.
Pommes de terre à l'eau de sel	»	50
— à la maître-d'hôtel	»	75
— sautées au beurre	»	75
— à la lyonnaise	»	75
— frites	»	60
— à l'huile	»	60
— à la crême	»	75
Asperges à l'huile ou à la sauce		
— en petits-pois		
Petits-pois au sucre	1	»
— à l'anglaise ou au beurre	1	»
— au lard	1	»
Haricots verts à la maître-d'hôtel	»	75
— à la poulette	»	75
— à l'anglaise ou au beurre	»	75
— à la lyonnaise	»	75
Haricots blancs à la maître-d'hôtel	»	75
— à la bretonne	»	75
— à l'huile	»	75
Fèves de marais à la maître-d'hôtel		
— à la crême		
Macédoine de légumes	1	»
Salade à la parisienne	1	»
1 Artichaud à la sauce ou à l'huile	»	60
1 — à l'italienne ou à la lyonnaise	»	75
1 — à la barigoule	»	75
1 — frit	»	60
Choux de Bruxelles sautés au beurre	»	75
— à la maître-d'hôtel	»	75

T. S. V P.

LÉGUMES.

SUITE DES LÉGUMES.

	FR.	C.
Choux-fleurs à l'huile ou à la sauce........	»	75
— au gratin..........................	1	»
Épinards au jus..........................	»	75
— au sucre..........................	»	75
— à l'anglaise..........................	»	75
Chicorée au jus..........................	»	75
— à la crême..........................	»	75
Salsifis sauce au beurre..........................	»	75
— frits, ou sautés au beurre..........	»	75
Céleri à l'espagnol	»	75
Pieds de céleri de Strasbourg, au jus.........		
Cardons au jus..........................		
— à la moelle		
Laitues au jus		
Lentilles à la maître-d'hôtel..........................	»	75
— à la bretonne..........................	»	75
Tomates au gratin à la provençale............		
Aubergines au gratin à la provençale..........		
Concombres à la crême..........................		
— au jus..........................		
— en salade..........................		
Croûte aux champignons..........................	1	25
Champignons à la provençale..........................	1	25
Truffes au vin de Champagne..........................	3	»
— à la cendre..........................		
— à l'italienne..........................		
Macaroni au gratin..........................	1	»
— à l'italienne..........................	1	»
Garniture de truffes..........................	»	75

OEUFS.

	FR.	C.
Omelette au naturel	»	75
— aux fines herbes	»	75
— au fromage	1	»
— au jambon	1	»
— aux rognons	1	»
— aux pointes d'asperges	1	»
— aux truffes	1	25
— aux champignons	1	»
3 OEufs sur le plat	»	75
3 — au beurre noir	»	75
3 — à la provençale, sauce tomates	1	»
OEufs brouillés au naturel	»	75
— aux truffes	1	25
— aux pointes d'asperges		
— au fromage	1	»
— au jus	»	75
3 OEufs pochés au jus	»	75
3 — à l'oseille	»	75
3 — à la sauce tomates	»	75
3 OEufs frits	»	75
3 — à la sauce tomates	»	75
2 OEufs à l'oseille	»	75
2 — à la tripe	»	75
2 — fondus au fromage de Parme	1	50
2 — frais	»	30

OEUFS.

ENTREMETS SUCRÉS.

	FR.	C.
Omelette au sucre	1	»
— aux pommes	1	25
— avec de la confiture	1	25
— au rhum	1	25
— célestine	1	25
Panequets glacés	1	25
Omelette soufflée	1	50
— à la vanille	1	75
Soufflé au riz	1	50
— aux pommes de terre	1	50
— à la vanille	1	75
— au rhum	1	50
— au chocolat	1	50
— à la semoule	1	50
Gâteau de riz ou de fécule	1	50
— de semoule	1	50
Croquettes de riz ou de fécule	1	25
Charlotte russe	2	»
— plombière aux fruits	2	50
— de pommes et confitures	2	»
Pommes au beurre	1	50
— à l'anglaise	1	50
— à la portugaise	1	50
— au riz	1	50
— meringuées	1	50
Beignets de pommes	1	»
— de poires	1	»
— d'abricots	1	»
— de pêches		
— de fraises		

ENTREMETS SUCRÉS.

[T. S. V. P.

SUITE DES ENTREMETS SUCRÉS.

	FR.	C.
1 Petit pot de crème à la fleur d'orange........	»	50
1 — au chocolat ou au café....	»	50
1 Meringue à la crème	»	50
1 — à la confiture......................	»	50
Crème frite à l'anglaise........................	1	»
Beignets soufflés à la crème....................	1	»
1 Petit pot de gelée au rhum..............	1	»
1 — à l'orange..............	1	»
1 — aux fruits glacés........	1	»
1 — au marasquin...........	1	»
Plum pudding au rhum	1	50
— au Madère....................	1	50
— à la chipolata................	1	75
Croûte au Madère..............................	1	25
Abricots à la Condé............................	1	50

ARTICLES DE PRIMEUR.

FR. C.

ARTICLES
DE PRIMEUR.

DESSERT.

	FR.	C.
1 Pêche au sucre	»	75
1 Abricot	»	50
1 Poire		
1 Pomme de reinette	»	25
3 Pommes d'apis	»	30
1 Raisin du pays	»	50
1 Raisin de Bordeaux	»	60
Noisettes	»	30
Nèfles	»	25
Groseilles rouges et blanches	»	30
— avec du sucre	»	50
Groseilles à maquereau		
Prunes		
Cerneaux		
Figues		
Cerises		
Noix sèches	»	30
Amandes	»	50
4 Mendiants	»	75
Salade d'oranges	1	50
Compote de pommes	1	»
— de poires	1	»
— de pêches	1	25
— d'abricots	1	»
— de prunes	1	»
— de pruneaux	1	»

DESSERT.

CONFITURES ET FROMAGES.

	FR.	C.
Confiture d'abricots..........................	1	«
— de cerises..........................	»	75
— de prunes......	1	»
— de pommes..........................	»	75
— de groseilles..........................	»	75
Gelée de pommes..........................	1	»

FROMAGES.

Gruyère..................................	»	40
Hollande..................................	»	40
Brie..................................	»	50
Chester..................................	»	50
Rocfort..................................	»	50

CONFITURES
ET FROMAGES.

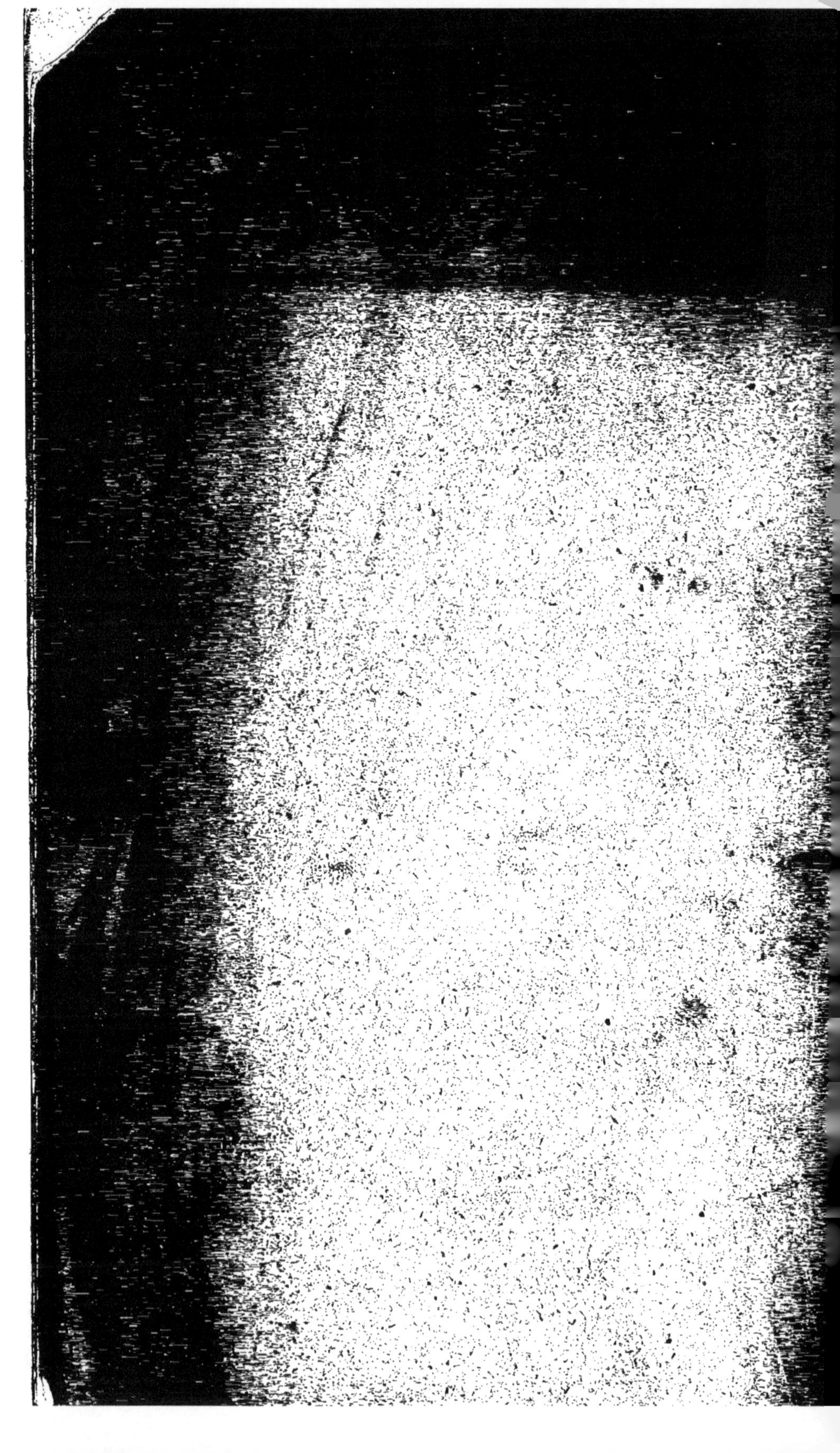

www.ingramcontent.com/pod-product-compliance
Ingram Content Group UK Ltd.
Pitfield, Milton Keynes, MK11 3LW, UK
UKHW021023200726
13857UKWH00004B/1541